AF356862

M. ADOLPHE TARDIF

1824-1890

NOTICE NÉCROLOGIQUE

ET

DISCOURS PRONONCÉS AUX OBSÈQUES

M. ADOLPHE TARDIF

1824-1890

NOTICE NÉCROLOGIQUE

ET

DISCOURS PRONONCÉS AUX OBSÈQUES

M. ADOLPHE TARDIF.

La Direction de la Revue a perdu un de ses collaborateurs
les plus distingués dans M. Adolphe Tardif, Conseiller d'État
honoraire, Professeur d'histoire du droit civil et canonique à
l'École des Chartes, décédé le 4 avril dernier à Passy. Nous
reproduisons, d'après la *Bibliothèque de l'École des Chartes*,
les Discours prononcés aux obsèques du regretté professeur
par MM. Léopold Delisle et Paul Meyer, en les faisant précé-
der de notes biographiques qui n'ont pu trouver place dans
ces allocutions (1).

M. Ad. Tardif, né à Coutances le 12 février 1824, entra à
l'École des Chartes en 1846, après avoir terminé ses études de
licence en droit. Élève pensionnaire en 1847 et 1848, il sortait
de l'École en 1849 avec le diplôme d'archiviste-paléographe,
que lui avait valu une thèse restée inédite sur les *Comtes du
palais*. Quelques mois à peine s'étaient écoulés qu'il était appelé, en 1849, à suppléer M. Eugène de Rozière dans le cours
d'histoire du droit français que celui-ci venait de créer si bril-
lamment à l'École des Chartes; il fut de nouveau chargé de
cette suppléance en 1851. Dans l'intervalle, il avait pris le
grade de docteur en droit et présenté à cet effet un mémoire
très remarqué sur les *Origines de la communauté de biens entre
époux*. Il devait bientôt être rattaché à l'École des Chartes par
des liens plus durables, et, en 1854, il y était nommé répéti-
teur ou professeur-adjoint. En même temps, la carrière plus
active de l'administration s'était ouverte à lui : en 1856, il était

(1) *Bibliothèque de l'École des chartes*, t. LI. p. 195.

devenu chef de cabinet du ministre de l'Instruction publique
et des Cultes et, en 1861, chef de la 1re division de l'administration des Cultes. Son aptitude des affaires et son activité infa-
tigable lui avaient de bonne heure assigné la première place
dans cette administration, qu'il dirigea de 1871 à 1879, d'abord
comme chef de la 1re division, puis, à partir de 1872, avec le
titre de Conseiller d'État en service extraordinaire. Dans cette
direction de huit années, il déploya toutes les qualités de l'ad-
ministrateur et du jurisconsulte en même temps qu'il donnait
autour de lui l'exemple de l'impartialité et du travail le plus
opiniâtre.

Obligé par les événements de résigner, en 1879, après vingt-
cinq ans de labeurs, ses fonctions administratives, M. Ad.
Tardif dut chercher dans son enseignement et dans les travaux
de l'érudition une diversion rendue plus nécessaire encore par
de douloureux deuils de famille. Nos lecteurs trouveront indi-
quées plus loin, dans le discours de M. Paul Meyer, les qualités de ce cours justement renommé, où le professeur se trouvait
avec un programme trop vaste en face d'un auditoire de valeur
fort inégale. Pendant longtemps M. Ad. Tardif avait résolu le
problème en donnant à ses élèves un aperçu général des matières
du droit féodal et coutumier, où la sécheresse du sujet était ra-
chetée par la netteté de l'exposition et l'heureux choix des cita-
tions et des indications bibliographiques toujours restreintes au
strict nécessaire afin de ne pas surcharger la mémoire des auditeurs. Lorsque les circonstances politiques lui eurent fait des
loisirs, il modifia le plan de son cours : au lieu de parcourir le
cercle entier du droit coutumier, il choisit une époque qu'il étu-
dia en détail, un texte d'une région déterminée qu'il commenta.
C'est ainsi qu'il exposa le droit des Xe, XIe et XIIe siècles d'après
les chartes, longtemps avant que personne n'eût pensé à étudier
ce sujet : une année, il expliqua le Coutumier d'Artois, une autre,
la Coutume de Toulouse ; la Coutume de Lorris et l'ancienne
Coutume de Paris firent encore l'objet de deux autres cours.
Pour pouvoir mettre sous les yeux de ses élèves les textes
qu'il commentait et suppléer à l'insuffisance ou à la rareté des
éditions, M. Ad. Tardif avait dû se mettre à l'œuvre et publier
à nouveau les Coutumes qu'il étudiait : de là son *Recueil de
textes pour servir à l'enseignement de l'histoire du droit*. En

même temps qu'il faisait paraître dans cette série restée inachevée le Coutumier d'Artois, les Coutumes de Toulouse et de Lorris, il en donnait le commentaire dans ses deux ouvrages : *La Procédure civile et criminelle aux XIIIe et XIVe siècles* (1885). — *Le Droit privé au XIIIe siècle d'après les Coutumes de Toulouse et de Montpellier* (1886). Ces travaux n'étaient que des fragments du cours professé à l'École des Chartes qu'il songeait depuis longtemps à publier dans son ensemble : il commença cette œuvre de longue haleine, en 1887, par l'*Histoire des sources du droit canonique*, honorée par l'Académie des sciences morales et politiques du prix Kœnigswarter en 1889 ; il terminait l'impression d'un second volume destiné à former la première partie de l'*Histoire des Sources du droit français* (Sources d'origine romaine), quand il a été atteint par la maladie qui devait l'emporter ; il laisse en manuscrit, entre autres matériaux, la seconde partie de l'*Histoire des Sources du droit français* (Sources coutumières) ; ce troisième volume ne tardera pas à être publié. On retrouve dans les ouvrages de M. Ad. Tardif les qualités de clarté et de méthode qui faisaient le charme de ses leçons, la préoccupation constante de s'attacher aux grandes lignes tout en donnant aux questions importantes les développements qu'elles comportaient, le soin qu'il avait de rappeler sans cesse les élèves aux règles de la saine critique et de les prémunir contre les écarts de l'érudition allemande contemporaine non moins que contre les exagérations de ses adeptes.

La dernière période de la vie de M. Ad. Tardif est celle où il prêta à la Revue sa collaboration la plus active. Il avait publié précédemment une *Étude historique sur la capacité civile des établissements ecclésiastiques et religieux* (1) ; en 1880, il insérait une *Note sur une bulle d'Honorius III relative à l'enseignement du droit romain dans l'Université de Paris* (2), où il donnait une explication nouvelle de la célèbre bulle *Super speculam* ; en 1883, il publiait une étude sur la *Practica forensis* de Jean Masuer (3), fragment détaché de son *Histoire des Sources du droit français* ; en 1884 et 1885, dans des disserta-

---

(1) *Revue de législation ancienne et moderne*, II, p. 492.
(2) *Nouv. Revue historique de droit français et étranger*, IV, p. 291.
(3) *Ibid.*, VII, p. 283.

tions d'une critique pénétrante (1), il combattait l'opinion nouvelle qui recule d'un demi-siècle la date du formulaire de Marculf et en place la composition à l'abbaye de Rebais; outre ces articles de fond, nous lui devons encore de nombreux comptes-rendus.

Les travaux qui viennent d'être énumérés ne sont pas les seules traces qu'ait laissées ce long enseignement de près de quarante années : son influence s'est fait sentir au delà du cercle de ses auditeurs et plusieurs des chaires d'histoire du droit dans nos Facultés sont occupées par des disciples de M. Ad. Tardif, dont les noms sont bien connus des lecteurs de cette Revue et dont les ouvrages ont été couronnés par l'Institut. A côté d'eux, beaucoup d'anciens élèves du même maître, aujourd'hui dans les Facultés des lettres ou les Archives, ont tiré grand parti de ses leçons pour des travaux sur l'histoire de nos institutions politiques ou municipales. Enfin, nombre d'idées universellement admises de nos jours en histoire du droit ont leur origine dans les développements du cours de M. Ad. Tardif.

A une intelligence vive et à un esprit brillant, M. Ad. Tardif joignait une grande affabilité et une extrême obligeance qui lui conciliaient l'affection de tous ceux qui l'approchaient en même temps que la dignité de son caractère et la fermeté de ses convictions commandaient le respect: ses compatriotes savent assez que ce n'était jamais en vain qu'on faisait appel à son dévouement ou aux lumières de son expérience; aussi a-t-il laissé, dans son pays natal comme parmi ses élèves et ses amis, les plus vifs regrets.

Discours de M. L. Delisle.

« Messieurs,

« Je ressens une telle douleur en voyant se briser une amitié de plus de quarante ans que je dois faire effort sur moi-même pour adresser un mot d'adieu à l'homme éminent qui donna à l'École des chartes et à la Société des anciens élèves

---

(1) *Nouv. Revue historique de droit français et étranger*, VIII, p. 537; IX, p. 368.

de cette école une si large part de sa vie et de ses facultés.

« Adolphe Tardif appartenait tout entier à l'École et à la Société au nom desquelles j'ai le triste honneur de parler sur le bord de cette tombe. Il était le premier de la promotion pour laquelle s'inaugurèrent en 1847 les nouveaux cours ouverts au palais des Archives. A peine sorti de l'École avec le diplôme d'archiviste paléographe, il y rentrait choisi par M. de Rozière, pour le suppléer dans un enseignement tout récemment créé. La tâche était difficile; mais le jeune suppléant était bien préparé à la remplir, et, dès le premier jour, il justifia de tout point la confiance du professeur qui lui avait tracé un plan en lui ouvrant la carrière. Il s'agissait de démêler les origines si compliquées de notre droit national, et d'initier au droit romain, au droit canon, au droit germanique, au droit coutumier et à l'ancienne procédure des jeunes gens étrangers, pour la plupart, aux études juridiques; il fallait les mettre en état de saisir la portée d'une foule de textes du moyen âge et des temps modernes, dont les archivistes, comme les historiens, ont besoin de connaître le sens exact pour éviter des erreurs de classement ou d'appréciation.

« Tel fut le programme du cours qu'Adolphe Tardif professa à peu près sans interruption pendant trente-neuf ans, d'abord comme suppléant, puis, à partir de 1854, comme titulaire. Les nombreuses générations d'élèves qui se sont succédé autour de sa chaire ont admiré l'abondance de son érudition, la sûreté de sa doctrine et la clarté de son exposition. Elles ont rendu justice au soin que le maître apportait à choisir les points qu'il importait le plus d'éclaircir, à éveiller leur curiosité, à exercer leur critique, à les mettre en garde contre la tendance au paradoxe et à les faire profiter de tous les progrès de la science contemporaine.

« Plus difficile encore pour lui que pour les autres, Adolphe Tardif a longtemps hésité à publier des leçons dont il avait de bonne heure arrêté les principales lignes, mais qu'il ne se fatiguait jamais de reprendre en sous-œuvre pour en perfectionner les détails. Heureusement il a fini par céder aux instances de ses amis. Il est douteux qu'il s'y fût rendu s'il n'avait pas eu à combler le vide causé dans sa vie par l'abandon de hautes fonctions administratives qu'il aimait passionnément, fonctions

qu'il exerça avec une rare distinction et qu'il résigna avec une
incomparable dignité. Il espérait aussi, par une recrudescence
de travail, oublier les amertumes causées par la disparition d'un
frère, d'une fille et d'une épouse, qui avaient été si cruellement
ravis à son affection. Vain espoir! Rien ne pouvait fermer les
blessures de son cœur. Le mal, supporté d'ailleurs en silence
avec une résignation toute chrétienne, était trop profond pour
être guéri, même par le dévouement d'un fils, dans lequel
Adolphe Tardif se sentait revivre et dont il voyait les travaux
honorés du suffrage des meilleurs juges. Les succès de ce fils,
qui porte dignement un nom déjà doublement cher à l'École
des chartes, furent la seule consolation des dernières années de
l'ami que nous pleurons et que n'oublieront jamais ceux qui
ont eu le bonheur de le connaître dans l'intimité, et ceux-là
même qui ont simplement entrevu la noblesse de son caractère,
la sûreté de son commerce et par dessus tout, sa ferme volonté
de faire le bien sous les formes les plus variées et d'écouter
uniquement la voix du devoir. »

Discours de M. P. Meyer.

« Celui à qui nous rendons aujourd'hui les derniers devoirs
était le doyen des professeurs de notre École. Il avait eu pour
élèves presque tous ses collègues et à tous il avait su inspirer
une respectueuse affection. Lorsqu'il fut chargé, une première
fois en 1849, puis en 1851, de suppléer, dans l'enseignement
du droit du moyen âge, son ancien maître M. de Rozière, que
l'École s'honore de compter au nombre des membres de son
conseil de perfectionnement, il était à peine plus âgé que ses
élèves. Trois ans plus tard, de suppléant il devenait titulaire,
et jusqu'au mois dernier, c'est-à-dire pendant quarante ans, il
a professé, donnant à tous l'exemple du dévouement à ses
fonctions et d'un zèle constamment soutenu pour les études
dont il avait la direction. La tâche que lui imposait son enseignement n'était pas aisée. Il y a quarante ans, l'étude historique du droit était, chez nous, dans l'enfance. Les travaux
des légistes des derniers siècles visaient surtout un but pratique. Ceux de Pardessus, de Klimrath, de Beugnot, de Gi-
raud, conçus dans un esprit véritablement critique, avaient

éclairci un certain nombre de questions et commencé l'étude
des sources. D'autre part, les savants allemands portaient leur
critique patiente et minutieuse sur le droit public et privé de
la période qui est commune aux races germaniques et aux
populations romanes; mais combien de parties du vaste do-
maine de la science du droit étaient encore pour ainsi dire en
friche! M. Tardif fut probablement le premier chez nous qui
ait entrepris de réduire en corps de doctrine ces éléments dis-
parates, en comblant les principales lacunes laissées par ses
devanciers. Je me rappelle encore, après trente ans, l'effet
que produisait sur nous, élèves de troisième année, cet enseignement tout nouveau, qui n'avait alors d'équivalent dans
aucune Faculté. Ce qui nous frappait, ce n'était pas seulement
la nouveauté des faits; cette nouveauté, dont nous eussions
été mauvais juges, nous la trouvions dans tous les cours de
l'École : c'était bien plutôt la clarté de l'exposition et la belle
ordonnance des matières. Nous étions presque étonnés et surtout charmés, étrangers pour la plupart aux choses du droit,
de comprendre facilement des questions pour nous si nouvelles
et de nous y intéresser. Et l'intérêt allait croissant, à mesure
que nous nous rendions mieux compte de l'avantage que la
connaissance des anciennes coutumes nous donnait pour l'intelligence des chartes, en nous découvrant le sens de formules
que nous connaissions déjà sans en avoir jusqu'à ce moment
compris l'origine ou la portée. Ce que nous goûtions particulièrement, c'était la méthode visiblement excellente du professeur. A cette époque, la plupart des cours de l'École avaient
une forme plutôt pratique que méthodique. Les leçons se sui-
vaient sans qu'un ordre perceptible à nos yeux vînt en déter-
miner la succession. On nous communiquait la science par
fragments isolés. L'enseignement de M. Tardif et celui de Qui-
cherat, le maître des maîtres, faisaient exception. A leurs cours
l'histoire du droit et celle de l'architecture nous apparaissaient
dans leur développement régulier : nous saisissions l'enchaî-
nement des faits et, en même temps, nous apprenions à com-
poser. Une partie notable du cours était consacrée à l'étude
des sources des diverses législations du moyen âge. M. Tardif
nous donnait là d'excellentes leçons de critique qui pouvaient
trouver leur application en d'autres branches d'études. Le pro-

fesseur, sans surcharger son enseignement d'indications bibliographiques qui, trop multipliées, fatiguent sans profit les élèves, nous signalait les livres qui avaient fait époque et les appréciait en maître. Il nous paraissait remarquablement informé, et, ce qui est plus important, nous sentions qu'il dominait son sujet. M. Tardif citait et discutait fréquemment les écrits des savants d'outre-Rhin. C'était alors une nouveauté, pour nous du moins, et plus d'un parmi ses élèves comprit, grâce à lui, qu'entre les études de l'École des chartes, il n'en est aucune qui puisse se passer de la connaissance de l'allemand. Actuellement, personne n'en doute, mais il y a trente ans, bien peu, parmi ceux même qui occupaient les positions scientifiques les plus élevées, voulaient en convenir. M. Tardif d'ailleurs remaniait constamment son enseignement. Il se tenait au courant de toutes les recherches nouvelles, se les assimilant dans une juste mesure pour en faire passer la substance dans ses leçons. Aussi le cours allait-il chaque année s'étendant davantage. Au temps où j'étais sur les bancs de l'École, le tour de certaines matières ne revenait que tous les deux ou trois ans, et les plus studieux d'entre nous, ceux notamment que l'étude historique du droit attirait plus particulièrement, se faisaient un devoir de suivre pendant deux années le cours de M. Tardif. Depuis, le cycle s'était encore accru.

« De ce travail assidu, rien, pendant de longues années, ne transpira en dehors de l'École. M. Tardif, qui était entré au ministère de l'Instruction publique à l'époque où il commençait à professer, avait vu sa position grandir rapidement. En 1861, il était devenu chef de division à l'administration des cultes; en 1872, à la réorganisation du Conseil d'État, il était nommé conseiller en service extraordinaire, et avait été chargé en cette qualité de représenter le département de l'Instruction publique et des cultes devant le Conseil d'État. Les rares loisirs que lui laissaient ses occupations administratives étaient consacrés à la préparation de ses cours sans cesse renouvelés ou à la rédaction de quelques comptes-rendus destinés à la *Bibliothèque de l'École des chartes* ou à la *Revue des Sociétés savantes*. Il ne lui restait plus de temps pour publier les résultats de ses études.

« En 1879, les mouvements de la politique lui imposèrent

un repos qu'il ne cherchait pas. Se trouvant en désaccord avec son ministre, il donna sa démission et fit régler sa retraite. Il resta toutefois professeur à l'École des chartes, et depuis lors mit au jour une série de travaux préparés de longue main dont les uns devaient servir de textes à son enseignement, tandis que les autres étaient la rédaction même de ses cours. Ainsi parurent coup sur coup le *Coutumier d'Artois* (1883), document français qui intéresse les philologues autant que les historiens de notre ancien droit; les *Coutumes de Toulouse*, en latin (1884); les *Coutumes de Lorris* (1885), ces trois publications faisaient partie d'un « Recueil de textes pour l'enseignement de l'histoire du droit », qui, dans sa pensée, devait comprendre des spécimens de toutes les législations du moyen âge. Puis des livres qui reproduisaient en les développant certaines parties de son enseignement : *la Procédure civile et criminelle aux xiiie et xive siècles* (1885); *le Droit privé au xiiie siècle, d'après les coutumes de Toulouse et de Montpellier* (1886); *l'Histoire des sources du droit canonique* (1887), et enfin l'ouvrage dont tout récemment et, déjà gravement atteint, il corrigeait les dernières épreuves, *l'Histoire des sources du droit français, origines romaines* (1890). Ce sont les œuvres qui ont assigné à M. Tardif un rang définitif dans la science et perpétueront sa mémoire en dehors du cercle nécessairement restreint de ses élèves.

« Les dernières années de notre excellent collègue furent attristées par une suite d'afflictions dont chacune lui enleva quelque parcelle de forces. M. Tardif s'était démis de ses fonctions administratives au moment opportun et avec dignité. Il le fit librement, mais non sans une sorte de déchirement. La direction de l'important service dont il était chargé depuis de longues années était devenue comme une partie essentielle de sa vie. Il s'était tellement identifié avec ses diverses fonctions qu'en dehors d'elles rien ne pouvait absorber l'activité de son esprit. Il se fit comme un grand vide dans son existence. Puis survinrent, coup sur coup, de 1880 à 1882, des épreuves autrement douloureuses que ceux-là seuls qui en ont subi de semblables peuvent apprécier. Il les accepta avec résignation, mais on le vit s'enfoncer de plus en plus dans une mélancolie sans consolation. Sa santé en éprouva de sérieuses atteintes, et ses amis, qui n'osaient l'interroger, commencèrent à s'inquiéter. Toutefois, il trouva un allégement, sinon un remède, dans le travail, la seule distraction qu'il soit légitime de chercher aux grandes douleurs. Cette dernière période de sa vie fut, sinon la plus laborieuse, du moins la plus productive. Il a travaillé jusqu'à l'extrême limite de ses forces, et, déjà épuisé par la maladie, il faisait, il y a quelques semaines encore, son cours de l'École des chartes.

« Chez le maître aimé et vénéré que nous avons perdu, la tristesse n'était mêlée d'aucun sentiment de rancœur. Bien que vivant d'une vie de plus en plus retirée, il est resté jusqu'à la fin bon et affectueux pour tous. Celui qui vous parle, et qui se vit un jour, sans l'avoir sollicité ni même désiré, appelé à une position hiérarchiquement supérieure à celle de son ancien maître, l'a éprouvé plus que personne. Aussi est-ce avec la plus sincère douleur que je lui dis adieu au nom de l'École des chartes. »

CHARTRES. — IMPRIMERIE CONSTANT-LAGUERRE.